Alexandre Clérisse

Souvenir

LA REVUE

Rrose Sélavy est une revue artistique et thématique à parution aléatoire.

Le projet de cette revue est de mettre en lumière des artistes contemporains et de créer un objet imprimé constitué de productions originales et de qualité, tant littéraires que graphiques. Le thème qu'interroge la revue permet de prendre en compte les divers regards et les diverses lectures afin d'appréhender le monde dans sa diversité et donc dans sa richesse. Rrose Sélavy décline essai, poésie, nouvelle, bande dessinée, graphisme, photographie...

Il s'agit de la **Survivance**, dans la mémoire, d'une sensation, d'une impression, d'une idée, d'un événement passé : *un souvenir agréable, triste, merveilleux, violent, douloureux...* C'est aussi la faculté de se rappeler : *Se rappeler au souvenir de quelqu'un ou se rappeler un événement, une image, un parfum, un mot...*

Le SOUVENIR est aussi l'**Objet** qui rappelle la mémoire de quelqu'un ou d'un événement : *un bijou, une boule à neige, une carte, un morceau de papier, un ticket...*

récit, oubli, arrière-goût, rappel, réminiscence, souvenance, mémoire, relique, restes, cendres, trésor, fétiche, amulette, résurgence, trace, remettre, remémorer, ressouvenir, pensée, commémoration, survivance, conservation, continuation, survie, tradition, rémanence, temps, autobiographie, passé, amer, amnésie, enfance, carnet, regret, émotion, anamnèse,...

La broche d'Aflou

C'est en regardant ces femmes d'Afrique du Nord sur papier carton gris, blanc, sépia, carte postale écrite au dos pour être postée avec adresse et mots tendres, à l'encre verte, noire ou violette, envoyée au-delà des mers, le visage exotique, l'œil sombre, bijoux d'argent, ces femmes d'un monde inconnu, loin, loin où on n'irait pas, arriveraient dans la maison de femme, l'arrière-boutique ou le salon de la demeure patricienne d'où étaient partis le fantassin, le légionnaire, l'officier saint-cyrien, jeunes hommes impatients de voir ces belles, ils avaient entendu le récit des Anciens, comme si elles devaient les attendre sur le quai où ils débarqueraient, c'est en regardant ces femmes exposées sur le buffet deux corps jusqu'au retour du soldat, elles disparaîtraient le lendemain des noces hâtives, la fiancée avait attendu si longtemps le fiancé outre-mer, parti à la conquête d'un pays qui se défendait contre l'occupation militaire étrangère, à sa tête, un maréchal comte d'Isly âpre au combat contre l'homme qu'on appelait l'Emir, homme de guerre, poète et théologien dont les officiers supérieurs français admiraient le courage et la stratégie, il se battrait sept années durant mais il ne gagnerait pas, il traverserait la mer avec sa smala vers des villes inconnues, Toulon, Pau, Amboise... jusqu'à Damas.

Donc, je regarde ces femmes photographiées dans les studios des villes côtières d'Afrique du Nord. Je les aime. Ces femmes du peuple de mon père.

Femmes des Hauts Plateaux, elles portent une broche d'argent, ronde, ornée de triangles et de petits cercles bombés, tout autour. La taille des triangles et des cercles change, d'une broche à l'autre, piquée sur la mousseline brodée au creux des seins. Femmes du Djebel Amour, on les appelle « Amouriettes ». Elles ont tissé le tapis d'Aflou pour la naissance des filles du maître d'école, l'homme de leur langue, le savant, le juste, il donnerait les lettres étrangères à leurs enfants, filles et garçons, sa femme, la belle Française du pays des rivières instruirait les filles, elles ne seraient pas illettrées, garçons et filles liraient, écriraient la langue de l'autre rive en même temps que la langue des ancêtres, la langue des Plateaux, des tapis de haute laine et des bijoux.

J'ai cherché ces broches des femmes sur cartes postales, à travers les brocantes de France. J'ai glané des broches, argent et corail, des broches avec arabesques, argent et cuivre, elles sont là, dans ma chambre, au secret, dans les petits tiroirs indiscrets des boudoirs féminins du XIXe siècle. Tiroirs, boîtes à bijoux, où iront-elles ? Je n'ai pas de fille.

Une photographie de ma mère Jeune. Assise sur une terrasse. Aflou, Mascara, Tlemcen ? Je ne sais pas. Au revers de sa veste, une broche en argent, la broche des femmes des Hauts Plateaux. La broche d'Aflou.

Je demande à ma mère si la broche d'Aflou a suivi le grand départ. Ma mère me dit que oui, elle doit être dans son coffret à bijoux. Elle ne la met plus depuis longtemps. Un jour, je fouille dans la commode ancienne de sa chambre, ma mère n'est pas là.

Je reconnais la broche. Je ne dis rien.

À Paris, je regarde les femmes que j'avais oubliées. Elles sont là. Les mêmes. « Mes sœurs étrangères » comme je le dis de Nora Aceval, l'amie fille des Hauts Plateaux, conteuse en arabe et en français, Nora qui me dit mon pays natal dans les deux langues de contes libertins, racontés par les femmes de sa tribu.

La broche de ma mère, à l'image pour l'éternité, je l'aime, je l'ai touchée. À mon prochain voyage à Nice, chez mes père et mère, je vole la broche d'Aflou.

Je l'ai portée. Souvent. Je la touche pour savoir qu'elle est là. C'est elle. L'unique. Elle est à moi. Héritière illégitime.

Sur ces broches des Plateaux, rien n'est écrit, pas d'argent filigrané avec délicatesse par des bijoutiers juifs, on peut lire, au centre, le nom du Dieu des musulmans, Allah, en lettres arabes. Sur les broches berbères des Hauts Plateaux et du grand Sud, le nom d'Allah n'est pas inscrit en lettres d'argent.

Je portais l'une de ces broches lors d'une rencontre avec des lycéens, dans la région lyonnaise. Un lycéen se lève, s'adresse à moi :

« Madame, vous êtes musulmane ?

– Non.

– Madame, sur votre broche, je vois écrit le nom d'Allah.

– Oui, c'est le nom d'Allah.

– Madame, vous n'avez pas le droit de porter le nom d'Allah sur vous, c'est « haram », c'est péché...

– Pourquoi ?

– Vous n'êtes pas musulmane.

Il est assis. Ses amis et lui, regroupés dans un coin de la classe n'ont pas écouté ce que je pouvais dire. Ils n'ont pas fait de bruit, mais ostensiblement ils n'écoutaient pas. Jusqu'à la sonnerie. Ils sont sortis les premiers.

La broche d'Aflou n'aurait pas provoqué une telle hostilité.

J'ai perdu la broche d'Aflou.

Je marchais dans Paris, comme souvent. Je me suis arrêtée pour lire un poème de Rimbaud écrit sur un mur, derrière l'église

Saint-Sulpice, c'était, je crois, *Le bateau ivre*. Je porte ma main à l'endroit du cœur, là où... Plus de broche. Panique. Mon cœur bat comme si quelqu'un me menaçait d'un couteau. Elle a pu glisser. Je fouille, rien. Je tourne comme un automate, rien. Je reprends le chemin que j'ai parcouru. Rien. Je me dis que j'ai pu la perdre à l'arrêt du bus. Rien. Je vais, je viens, comme une bête affolée, on me regarde, on doit s'inquiéter pour ma santé mentale. J'arrive chez moi. Je n'ai peut-être pas mis la broche d'Aflou ce jour-là. Je cherche partout.

Elle a disparu.

Ma mère n'a pas su que sa broche n'était plus dans son coffret. Mes sœurs non plus. Je suis seule, je regarde obstinément la broche d'Aflou sur la robe de fête ou le diadème des femmes des Hauts Plateaux, figées pour l'éternité, si personne ne brûle ces visages sur carton postal, parce que ces femmes ne doivent pas appartenir à des mécréants, à des « Kouffars ».

Et les miennes, où iront-elles ?   Qui les protégera des « Barbares » ?

Elles sont à l'abri dans un livre, je le crois[*]. Mais les livres deviennent poussière. Et si elles brillent sur l'écran magique, elles vivront encore ? Avec la broche d'Aflou.

Leïla Sebbar
(Paris, *Le Sélect*, octobre 2016)

---

[*]*Femmes d'Afrique du Nord*, cartes postales 1895-1935 (éd. Bleu autour, 2002/2010/2012).

valérie sarrouy

Un ciel mental.

Ce que je n'ai pas vécu me parle comme la tentation du jour. Persévérance d'images. Blanches. J'ignore où elles se tiennent. Je n'en connais pas le lieu, ni le sens. Mais leur atmosphère de bannissement m'est très familière. Leur appel du dedans me traverse et, au-devant de ce qui existe, elles tendent toutes leurs forces. Elles en prennent forme. Ou fable. Je comprends que nous sommes en présence, sans être séparés, et que le souvenir lutte pour notre diérèse. Il lutte pour son apparition, pour l'exposition d'un être à lui-même. La tension est fantastique, mais notre proximité est telle que je ne m'en étonne plus. Tension blanche du ciel mental, de ce que je n'ai pas vécu. Je parle. La voix du temps est retrouvée. Et moi, modifié, je ne me souviens pas.

STANISLAS CAZENEUVE

jérémie labsolu

Sur la page vierge du jour

Écrire sur la page vierge du jour
ce qui n'est plus que dans nos mémoires.

À l'angle d'un souvenir
il y a ce vieux mur ébranlé par le temps
écluse au regard
jusqu'à la ligne mouvante des sables.
Au bout de la rue
la maison.
Des volets sans couleur
une porte sans nom.
Cortège
ce lent balancement des roses.
La mer et le soleil s'unissent à fleur de terre
dans des noces de sel.
Bonheur léger
comme un battement d'ailes échappé dans le
soir
un rêve de sable emporté par le vent.

Il y a cette ville aux horizons de pierre
où la nuit en bas noirs piétine les trottoirs
quand les bruits se retirent
et cèdent aux pavés l'écho des solitudes.

Il y a ce jardin
avec de hautes grilles
où les bancs alignés vont par deux
dos à dos
et les amours par trois
courbés sous l'impatience des fleurs.
Un jardin de lumière
de bruissements, de lignes d'ombre
où la houle et le vent
poussent les grands voiliers
d'hommes-enfants cernés de reines
au regard blanc.

Entre nous, tant d'invisible
et cette vaste respiration
monumentale.

CÉDRIC MERLAND

Déjà loin

zone aveugle
humide (tu craignais le froid)

essoufflée   trop tôt

l'avancement du rien
de la chute

elle dort
échappe au Verbe

quitte la scène familiale

le désastre
sans phrase (tu parlais peu)

corps épuisé   j'ai les nerfs

je fuis l'image
petit corps éteint inerte

une histoire de poussière
perdue d'avance

l'angle se resserre   trou

mur imparfait
l'angle disparaît (dans la cendre)

j'évite la dernière image   au bord du cadre

ma double écorce
tu m'as transmis le Verbe

je m'adresse aux arbres
j'apprends quelque chose

j'hésite à tracer ton nom   seulement te voir

LAURENCE SKIVEE

MARIE DESCHAMPS

SOUVENIR

il reste peu
la peau   laconique
a son idiome

le détail

prend la valeur
du signe
même insensé

on recompose
de la main
    tu revois
        revis
            rends
à son rythme
un instant

d'abord

ensuite
    - c'est du temps
     je veux dire ça prend du temps -
ensuite

    - un délai tu n'y échappes pas
    le peu de reste te fait attendre -

ensuite donc
tu réécris
l'insensé

    - Disséminé sur l'écorce
    à partir de la terre humide
    jusque dans la terre humide -

d'abord
la main
déplie
la peau déploie
sonore

à l'oreille
trace d'une chute
à peine
douleur

ensuite
la main l'a relevé

un instant

    - la peau laconique
      la peau insensée
   dicte une chronique
   intime –

d'abord
l'encre
je te parlais
alors
d'aujourd'hui

irréfléchi
tu mimais
l'insensé

ensuite
l'empreinte
laconique
aujourd'hui
réfléchit
   un regret

HUBERT LE BOISSELIER

MARAN HRACHYAN

PIANO DÉCHU

Je passais tout mon temps libre à lire.
Ma vie s'étirait d'année en année, sans émotion, sans effervescence, sans ressenti d'aucune sorte.
Je cherchais sensations et palpitations auprès de personnages de papier, comme on dit, et celles de Mme De Nicolaïde m'habitèrent longtemps.

"En franchissant le seuil de l'hôtel particulier, désormais à l'état d'abandon, du Comte De Furtans, mort depuis maintenant plus de trente ans, je me dirigeai dans une des immenses salles de réception que j'avais tant fréquentées aux heures où la vie palpite. Que cherchais-je vraiment ? Revivre à l'orée de la mort un pan de vie passée ? J'avais quatre-vingt-douze ans et nous arrivions à la fin du siècle. Peut-être était-ce le passage imminent à l'an 1900 qui me poussa à me rendre dans les ruines de cet hôtel autrefois tellement fastueux. Mon arrière-petite-fille, Flavie, m'accompagnait de bonne grâce, me soutenant, bien que je marchais encore très bien. Mais dans les décombres, je pouvais aisément trébucher.

La grande salle dans laquelle nous pénétrâmes, tout illuminée par les grandes baies, pour la plupart brisées, avait gardé toute sa splendeur, malgré les dévastations du temps, tant son aura continuait de rayonner partout alentour. Je me remémorai alors la vie dans ces murs désormais fissurés, décrépis, balafrés de longues coulées de rouille, aux motifs de stuc et de marbre tous effrités, atrocement mutilés. Les frises et rosaces, qui avaient somptueusement orné les hauts plafonds, accentuaient aujourd'hui leur délabrement par leurs restes fanés et tourmentés par d'épaisses toiles d'araignées. La moisissure recouvrait, avec vigueur, la base de chaque mur, entre et sur les baguettes en bois, rongées et ternies. Le parquet ciré, glissant, brillant n'était plus que désolation, lattes arrachées, jonché de feuilles de toutes les saisons, de débris des rosaces exténuées tombés du plafond, de déjections animales, de rats raidis. Du lierre avait consciencieusement pénétré par les ouvertures béantes des fenêtres et, comme une gangrène, ravageait leur pourtour, tandis que des grappes inextricables de ronces, rageusement agrippées au mur, parachevaient le supplice de l'hôtel à la magnificence déchue. La décadence, maintenant sur les lieux, avançaient ses pions de façon inexorable. Seule la lumière demeurait vivante et semblait repeindre de sa splendeur, la misère et la décrépitude de l'endroit.

En partant des vestiges de cette salle de bal, je reconstruisais ses parures d'hier, en marchant lentement, scrutant, m'arrêtant, réfléchissant, cherchant dans ma mémoire. Je me déplaçais, silencieuse, attentive, accrochée au bras de Flavie qui me regardait avec un air grave. Oui, c'était effectivement un moment presque solennel. Les souvenirs semblaient sourdre de tous les coins. Je me revoyais virevolter aux bras d'Axel, mon fiancé, devenu mon mari. Corsetée dans une robe de soie rouge, les cheveux ramassés et retenus par des épingles en nacre, les mains gantées de dentelle noire, chaussée de satin, noir également.

Nous tournoyions avec l'arrogance de la vie que l'on pense posséder.
Seuls mes souvenirs tournoyaient désormais, jusqu'à s'approcher du piano à queue. Sa vue fut la plus saisissante et peut-être la plus blessante. Lui, si majestueux, gisait dans une flaque de poussière et de brisures de bois, démembré, comme un insecte au sol privé de ses ailes. A ses côtés, son couvercle arraché demeurait. Désormais inutile, il semblait agoniser, mortifié de dévoiler les entrailles aux cordes détendues et recouvertes de trente ans de silence. Les touches, pour toujours mortes tressaillirent, lorsqu'à peine je les effleurai, d'un doigt pudique et incertain.

Maximilien était là, assis sur son tabouret, les mains flirtant avec le clavier noir et blanc, les yeux mi-clos, la tête penchée en arrière, aux prises avec ses notes qu'il pétrissait de ses doigts vifs et passionnés. Et tous les convives se grisaient de musique, d'amour, de rires, de vie.

Nous étions peu à être encore de ce monde,

enfin, encore vivants devrais-je dire, car ce monde, celui que j'avais connu était à jamais révolu, le temps l'avait happé, comme il avait happé mon mari, Maximilien, le comte de Furtans, cet hôtel, cette salle, ce piano".

    Lorsque je refermai mon livre sur ce chapitre, j'étais bouleversée.
    La description de ce qui avait été étincelant, le triomphe de la vie, la merveille, tout ce qui avait été, n'était plus, ne sera plus.

    La vie continuait d'avancer, sans retour possible, parsemant la nôtre de cadavres, traînant avec elle soupirs et regrets.
    Et chaque jour est déjà un souvenir, qui nous sert de canne et qui tente de nous donner un semblant de souffle, à l'approche de la poussière.

HALIMA GHÉRIBALLAH

MÉLANIE FORNÉ

Cinabre

Tu sens
Bon
La marelle

Le nez
Dans ton cou
Comme sous un préau

Je joue
A saute-mouton
Avec l'enfer
Et le ciel

ALISSA THOR

GERALDINE CAMUT

Après l'animal, une femme
matière avivée
n'être qu'avalée
il est un, je ne suis
rien, néant ravalé
que « la mer allée »
je compte : un et deux
aime
tout et rien, TOI
n'être pas
seulement nue
et constellée
naitre de toi
une chose
tirée de, sortie de
et n'être plus
que seule, ex comme
exilée
deux
puis une
puis rien

que ravie par toi, emportée

Francine Charron

T'étais aussi jolie que la mélancolie
On avait 25 ans
On était à l'infini, un élan dans la nuit, des instants arrachés à la vie. Tu disais bleu, je disais noir, toujours, on était des arrêts sur des images qui ne s'useraient jamais. On a voyagé un moment comme ça, insoumis au temps, aux heures, le monde tournait, on tournait autour du monde, on avait, accrochée à nos sourires, l'insouciance des années qui restaient.
T'étais une pépite, une nuit étoilée.

On était à l'infini.

Françoise Bonneau

Emile et la forêt de hêtres

Sur la pente douce du talus, dans les dentelles d'ombre que les hêtres colossaux crochetaient sur le sol, la luzerne chatouillait mes mollets au gré du vent léger de ce matin de juillet.

En contrebas, la route semblait retenir dans le soleil de 10h la maison et sa basse-cour qu'on devinait au caquetage imperturbable qui animait les abords de l'étable et du hangar et, à l'arrière, le potager qui s'étendait jusqu'à la voie ferrée. Mon monde s'arrêtait là.

La respiration lourde et régulière de mon grand-père accompagnait le bruissement décisif de la tôle effilée qui venait surprendre les tiges de luzerne à leur pied. La lame rustique, cent fois repassée à la pierre à aiguiser, allait et venait en un mouvement d'horloge implacable. Les tiges s'affalaient au sol dans un même abandon docile. Les mains souples et fermes sur les poignées asymétriques de la faux prolongeaient le balancement de son corps tout entier. Et la luzerne s'allongeait éclaircissant peu à peu la parcelle.

Parfois, du plat de la lame, mon grand-père rassemblait en petits tas la luzerne éparse qu'il ramasserait plus tard pour en charger sa carriole. Les lapins auraient bientôt leur festin.

Pour l'heure, il avait posé sa faux à l'écart, tranchant vers le sol, et s'apprêtait à s'éponger le front et la nuque de l'immense mouchoir à carreaux violet et blanc qu'il extirpait du fond de la poche de son bleu de travail. Sa chemise, à carreaux elle aussi, accrochée à un des poteaux de la clôture, s'était prise aux fils de fer barbelés. Son maillot de corps blanc tranchait sur sa peau tannée par le soleil.

L'interrogation que je lui destinai soudain, où il était question, dans toute mon innocence, de "méchants qui lui avaient tapé dessus avec des bâtons"- ma mère avait fait de son mieux pour épargner à mon jeune âge la barbarie des camps de concentration - le saisit net.

Quelles images venais-je de faire surgir qui noyèrent instantanément ses yeux rougis par l'âge et les maltraitances passées et perdirent son regard dans des souvenirs auxquels je n'aurais jamais accès ? Des visages durs et déterminés des membres de la Gestapo venus l'arrêter aux regards de compassion tacite de ses compagnons de martyre, de la brutalité aveugle des SS au soulagement mêlé d'hébétude de ces ombres humaines à la vue des premières jeeps Willis ?

Que restait-il de ces mois passés à survivre dans cette enceinte qui barbelait alors son monde de désolation où baraquements et fours s'articulaient méthodiquement autour d'allées et de terre-pleins transis, où la mort s'appliquait à emporter des brassées d'êtres humains qu'on entasserait bientôt dans des charniers figés à jamais ?

Que restait-il de cette forêt de hêtres qui avait bien dû un jour crocheter des dentelles d'ombre sur le sol de cette colline ?

"À nous-mêmes ce que nous avions à dire commençait alors à nous paraître inimaginable" Robert Antelme. <u>L'espèce humaine.</u> 1947

ALAIN ROELANDT

LE CAR

Quand je suis arrivé sur la place, le car était déjà là.

Devant la porte, elle m'a serré la main un peu plus fort. Je suis monté et j'ai marché jusqu'aux places du fond. A travers la vitre arrière, elle semblait toute petite, seule sur la chaussée mouillée. Le car a démarré et elle a fait un dernier signe, un peu gênée. Est-ce qu'elle pleurait ? Je ne pouvais plus distinguer son visage. Le car s'éloigna et elle disparut tout à fait. Je m'assis, personne ne faisait attention à moi et je fermai les yeux.

Tous les derniers vendredis du mois, avec ma maigre paye d'apprenti, je quittais l'usine pour me rendre au boulevard de ceinture. C'est là que je prenais le car de nuit qui me conduisait chez elle. Le matin sa mère ouvrait la porte et je montais dans sa chambre pour la retrouver. Pendant deux jours la vie devenait lumineuse.

Ce matin-là, c'est le père, encadré de ses deux ainés, qui a ouvert. En entrant je l'ai vue au fond du salon, blottie dans les bras de sa mère. Il m'a dit de m'asseoir et m'a tendu une enveloppe. En dépliant la lettre, j'ai vu l'en tête de la clinique avec une somme en bas de page, divisée en deux au feutre rouge. Des cris résonnaient dans la pièce, on parlait de confiance trahie, d'honneur, mais plus rien n'avait d'importance. Enfouie dans le corps de sa mère, elle pleurait.

Je me suis levé, j'ai promis d'envoyer le chèque dès mon retour et j'ai quitté la maison.

Après quelques pas dans la rue déserte, j'ai entendu le portail. Elle m'a donné la main et nous avons marché en silence vers la gare routière. Du haut de nos dix-sept ans nous n'étions que désespoir.

Seul sur la banquette arrière, j'ai compris que ma jeunesse était morte.

STÉPHANE ANTONI

EMMA VAKARELOVA

Fumée de souvenir

Du coin de l'œil, j'ai vu ; souvenirs d'un désir,

Et disparaît l'image en volute arrondie

Pleine du doux parfum d'une mèche blondie

Qui vous frôle agaçante, impossible à saisir.

Pour le cœur fatigué, ne rêvant qu'à gésir,

Ces rappels, importuns, paraissent perfidie,

Enfer élaboré par la torche brandie

D'un espiègle lutin sans nul autre loisir.

Gens et décors figés, une carte postale

D'un temps aux tons passés qui devers nous détale,

En dieu sourd et pervers se plaisant à punir.

Ces moments suspendus, en parfaits éphémères,

Nous abandonnent seuls au sein de nos chimères,

Ombres tristes d'antan, désirs d'un souvenir.

Catherine Robert

"Des papillons dans la tête"

Ils me chuchotent à l'oreille
noirceurs et merveilles
la chanson de la nuit

CÉCILE HUDRISIER

d'être écorchée vive
sans tant vivante
sans les ailes et dans la tourmente
L'habitude d'être erronée
falsifiée dans mes documents
de mensonges en tampons
certifiée au mauvais moment
sertie d'algues et de nutriments
précieuses
les pierres à tailler l'offense
qui tiraillent la peau
les os
la chair
qui tiraillent l'externe et tout le dedans

KRYSTELE FARGUES

Du rose givre

Du rose givre dans ta
Paume
Schisteuse la
        nue s'effrite
Du souvenir qui t'abrite

Près
     de ton énigme blanche
Je suis cet homme qui penche
Du frisson esquissant le
Signe

Et la couleur me revient
Du souvenir qui dissipe
L'ample présent que retient
Ensorcelé
      ta pâleur

Noire
Que parcourt notre mémoire
Sur le mur qui se lézarde
Dans sa paresse blafarde

Steve Baker

Le soldat rouge et bleu

La bouche griffée de vous survivre.

La nuit du matin au corps pour vous plaire, je vais où vous n'êtes pas. Les tresses de mes cheveux sont lourdes de nos rares souvenirs.

Le vernis rouge et les yeux étirés de noir à mes songes solitaires. Je marche dans le froid d'une saison de plus.

Il était un temps où vous m'étiez presque inconnu. De vous, un jeune soldat rouge et bleu, posait sur un écran de télévision, des Aragon en repos au milieu de mes livres.

Qu'hier était long.

Le rosé du matin tire des lignes dans les ombres des arbres nus. La main aux tempes, je revois mon exil. Endormie, vous m'avez donné la vie.

Nadia Gilard

Lili Plasticienne

Rrose Sélavy

Rrose Sélavy :
OSER le réseau vie
à l'opposé du rhésus vert.

Rrose Sélavy :
OSER la salive
et l'érosion lascives

Rrose Sélavy :
OSER les mots roses
et la porosité des laves

Rrose Sélavy :
OSER les cirrhoses
et l'éros délavé

Rrose Sélavy :
OSER les serres
de la vie sclérosée

Rrose Sélavy :
OSER les poses
eviscérées

Rrose Sélavy :
OSER les nécroses
des Sulawesi

Rrose Sélavy :
OSER les narcoses des
vies sans sels et lessivées

Rrose Sélavy :
OSER les proses acérées
dans ces cases révisées

Xavier Serrano

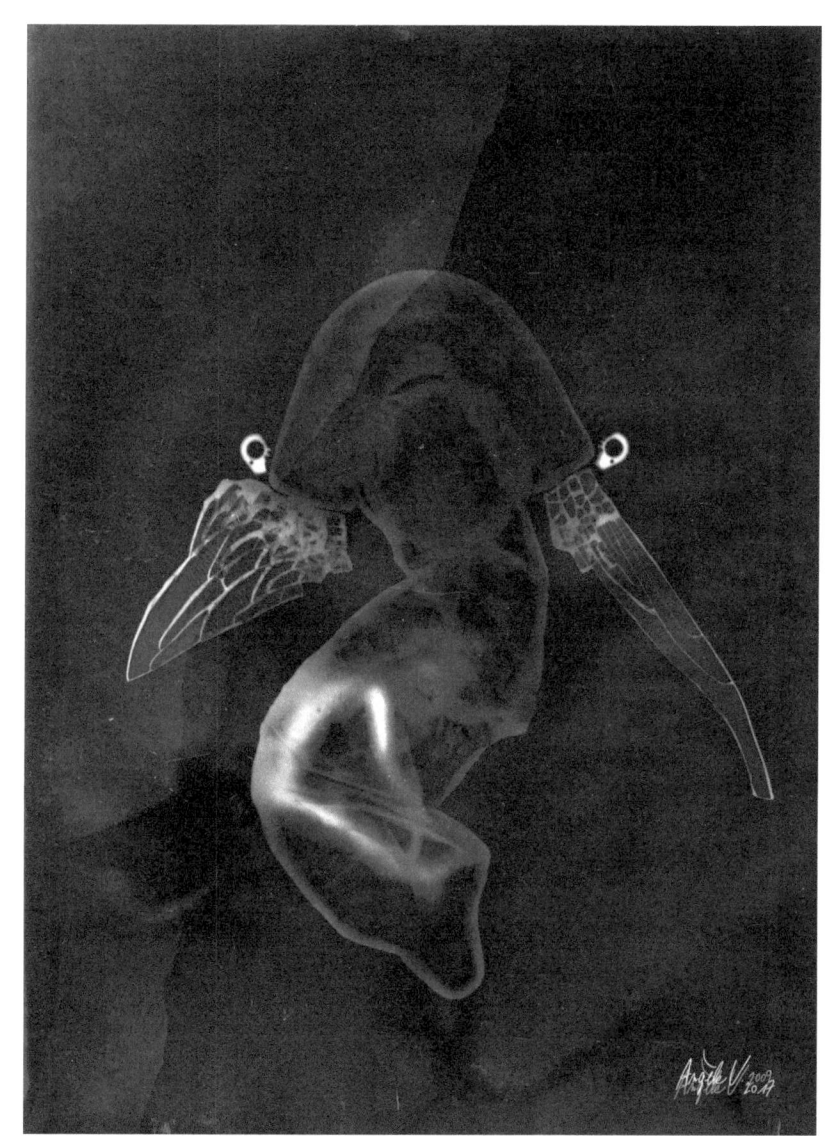

Le précieux souvenir

de

Rrose
Sélavy

L'exil à Paris

à N.D

Une collection de restaurants et de cafés nocturnes
Des rendez-vous indénombrables sur des angles de place ou des recoins de trottoirs
Un quart de siècle ayant passé ce sont les mêmes lieux les mêmes ciels et la même blessure
D'un grand corps d'homme et d'une ville qui n'existe plus que par lui

Tout est rangé à sa place les feux de Paris les façades dorées de lueurs
A la Bastille l'ange perce toujours le satin poussiéreux du soir
Face à Beaubourg une faune assise paraît sur les pavés prier une raffinerie
Et comme au temps de ma jeunesse les rues étroites du Marais allument à mi-hauteur des réverbères ouvragés
Qui font qu'on s'attend à entendre dans son dos un bruit de carrosse et le pas des chevaux
Mais plus rien n'en vaut ni la Seine roulant ses reflets de rubis
Ni les arbres du boulevard Bonne-Nouvelle qu'un rien de vent pourtant devrait faire frémir

Malgré les monuments dont la splendeur parfois fait croire qu'on vivrait au milieu d'un décor
Rien ne respire plus
Les immeubles n'offrent plus à l'infini que des séries de portes
Partout des pierres entassées
Et puis pesant sur les épaules un lourd granit de tristesse

    Les choses sont et nul n'en doute pas même moi
    A la République la trop vaste dalle pourtant depuis peu reconquise
    Mouline de fanfares des musiques brisées
    Il y a un cracheur de feu des grappes de passants et puis sans fin comme une chute d'eau
    Des discours qu'absorbe la nuit
    Des chiens qui sinuent dans nos jambes des enfants dormant dans des bras
    Mais rien n'a plus de proportions
    Si de la foule n'émerge enfin la silhouette attendue
    Le roi pour moi des apparences
    Avec ce soir sans doute sur l'ampleur du sombre manteau une écharpe couleur de tilleul

    Alors fendant la nuit urbaine comme s'il s'agissait d'une obscurité de forêts c'est un jeune chêne qui marche
    Sous le feuillage noir un soleil à son front
    Puis à mesure qu'il s'avance un visage s'affirme et déclenche
    Autour de son sourire une ville enfin vibratile
    L'onde longue des résurrections

    Puisque le monde est ce qui tremble et s'organise entre deux corps
    Malgré le temps passant mon seul pays demeure
    L'arbre humain qui en tient la clé.

Olivier Barbarant

UN GRAND MERCI A

Leila Sebbar, Alexandre Clérisse, Stéphane Antoni, Laurence Skivée, Erik Bonnet, Jérémie Labsolu, Marie Deschamps, Nac'Imagine, Francine Charron, Krystèle Fargues, Géraldine Camut, Françoise Bonneau, Halima Ghériballah, Cécile Hudrisier, Emma Vakarelova, Maran Hrachyan, Hubert le Boisselier, Cédric Merland, Alissa Thor, Alain Roelandt, Xavier Serrano, Irène Duboeuf, Nadia Gilard, Stanislas Cazeneuve, Mélanie Forné, Yoann Lévêque, Catherine Robert, Steve Baker, Cinzia Aze, Valérie Sarrouy, Angèle V, Lili Plasticienne, Olivier Barbarant.

Couverture réalisée par Laurence Skivée

Toute ma gratitude envers Leila Sebbar, grande romancière et nouvelliste, qui nous fait l'honneur d'écrire une nouvelle pour chacun des numéros de Rrose Sélavy.

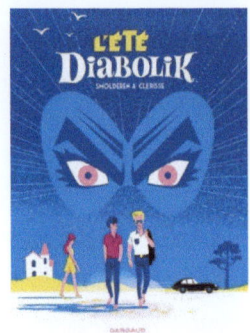

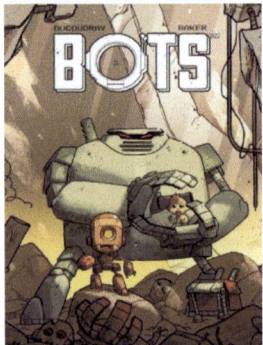

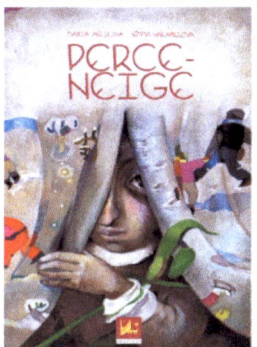

LAURENCE
SKIVÉE
JE M'EMBALLE

© 2017, COLLECTIF revue dirigée par Gilard Nadia

Edition : BoD - Books on Demand
12/14 rond-point des Champs Elysées, 75008 Paris
Impression : Books on Demand GmbH, Norderstedt, Allemagne
ISBN : 9782322137824
Dépôt légal : janvier 2017

La revue est disponible en librairie :

- ♥ « Comptoir des Images », Angoulême
- ♥ « L'Autre Rive », Toulouse
- ♥ « Ombres Blanches », Toulouse

✳✳✳ et sur internet : Chapitre, Fnac, Amazon…

++

Contact : nadjagil11@aol.com

https://www.facebook.com/RroseSelavyrevue/

Tous droits réservés aux auteurs et artistes..

« 8. Au pays de Rrose Sélavy on aime les fous et les loups sans foi ni loi. »

Robert DESNOS

Corps et Biens